Impressum
Verlag: BABADADA GmbH, Nedderfeld 112 , 22529 Hamburg
Geschäftsführer / Verlagsleitung: Harald Hof
Druck: Books on Demand GmbH, In de Tarpen 42, 22848 Norderstedt

Imprint
Publisher: BABADADA GmbH, Nedderfeld 112 , 22529 Hamburg, Germany
Managing Director / Publishing direction: Harald Hof
Print: Books on Demand GmbH, In de Tarpen 42, 22848 Norderstedt, Germany

škola
школа

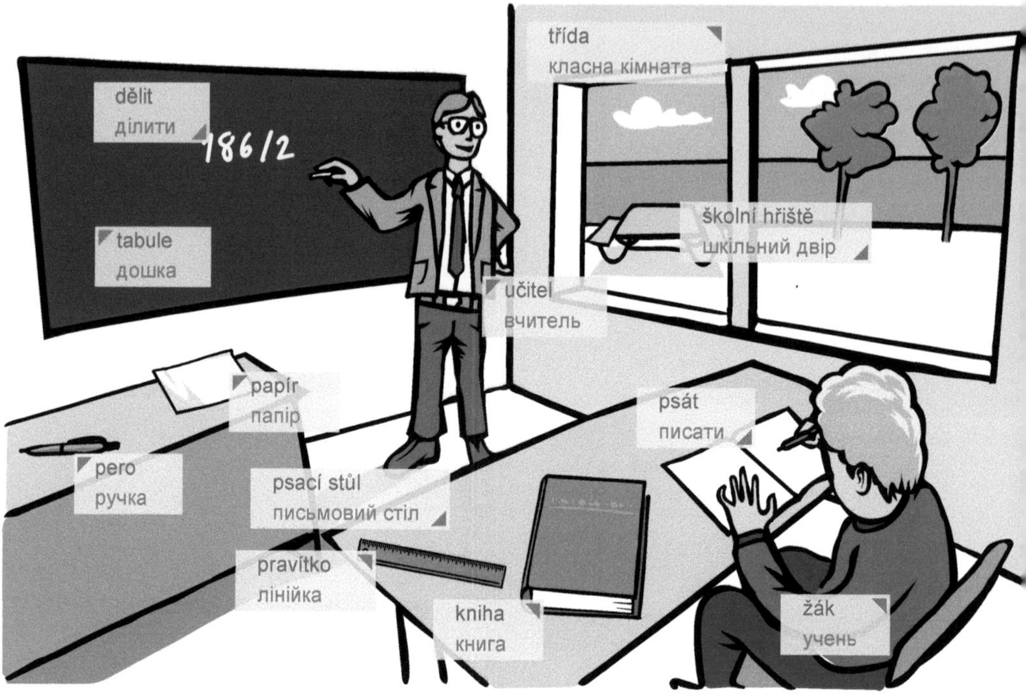

třída
класна кімната
dělit
ділити
186/2
tabule
дошка
školní hřiště
шкільний двір
učitel
вчитель
papír
папір
psát
писати
pero
ручка
psací stůl
письмовий стіл
pravítko
лінійка
kniha
книга
žák
учень

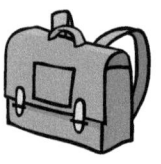

aktovka
ранець

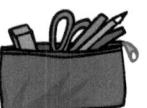

penál
пенал

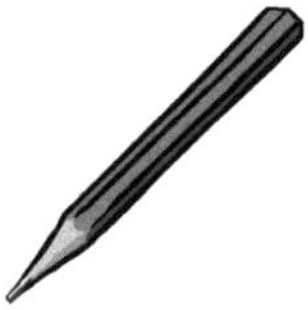

tužka
олівець

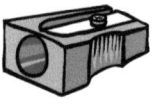

ořezávátko
точило

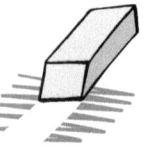

guma
гумка

blok na kreslení
альбом для малювання

výkres

малюнок

štětec

пензель

malířské potřeby

коробка фарб

nůžky

ножиці

lepidlo

клей

cvičebnice

зошит

domácí úkol

домашнє завдання

počet

число

sčítat

додавати

odčítat

віднімати

násobit

множити

počítat

рахувати

písmeno

літера

abeceda

абетка

slovo

слово

text

текст

číst

читати

křída

крейда

hodina

година

třídní kniha

класний журнал

zkouška

екзамен

vysvědčení

диплом

školní uniforma

шкільна форма

vzdělání

освіта

encyklopedie

лексикон

univerzita

університет

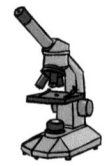

mikroskop

мікроскоп

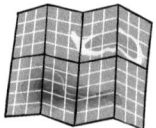

karta

карта

odpadkový koš na papír

кошик для паперу

hotel
готель

Grand

ubytovna
турбаза

ROOMS

směnárna
обмінний пункт

EXCHANGE

kufr
валіза

auto
автомобіль

jazyk
мова

ano / ne
так / ні

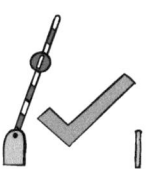

oukej
добре

Ahoj!
привіт

překladatel
перекладач

děkuji
дякую

Kolik stojí...?

Скільки коштує ...?

nerozumím

Я не розумію

problém

проблема

Dobrý večer!

Добрий вечір!

Dobré ráno!

Доброго ранку!

Dobrou noc!

На добраніч!

na shledanou

До побачення

směr

напрямок

zavazadlo

багаж

taška

сумка

batoh

рюкзак

host

гість

pokoj

кімната

spací pytel

спальний мішок

stan

намет

turistické informace

туристична інформація

pláž

пляж

kreditní karta

кредитна картка

snídaně

сніданок

oběd

обід

večeře

вечеря

jízdenka

квиток

výtah

ліфт

poštovní známka

поштова марка

hranice

межа

clo

митниця

poselství

посольство

vízum

віза

pas

паспорт

cesta - подорож

transport

транспорт

letadlo
лiтак

loď
корабель

hasičský vůz
пожежна машина

autobus
автобус

nákladní vůz
вантажний автомобіль

motorový člun
моторний човен

kolo
велосипед

auto
автомобіль

přívoz

пором

člun

човен

motorka

мотоцикл

policejní auto

поліцейська машина

závodní auto

гоночний автомобіль

pronajaté auto

автомобіль на прокат

sdílení aut

спільне користування авто

odtahová služba

евакуатор

popelářský vůz

сміттєвоз

motor

двигун

palivo

паливо

čerpací stanice

автозаправна станція

dopravní značka

дорожній знак

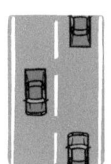

doprava

рух

dopravní zácpa

затор

parkoviště

стоянка

vlakové nádraží

вокзал

koleje

рейки

vlak

потяг

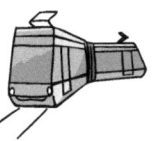

tramvaj

трамвай

vagón

вагон

helikoptéra

гелікоптер

letiště

аеропорт

věž

вежа

pasažér

пасажир

kontejner

контейнер

kartón

коробка

trakař

візок

koš

кошик

vzlétnout / přistát

стартувати / приземлятися

město

місто

vesnice

село

střed města

центр міста

dům

дім

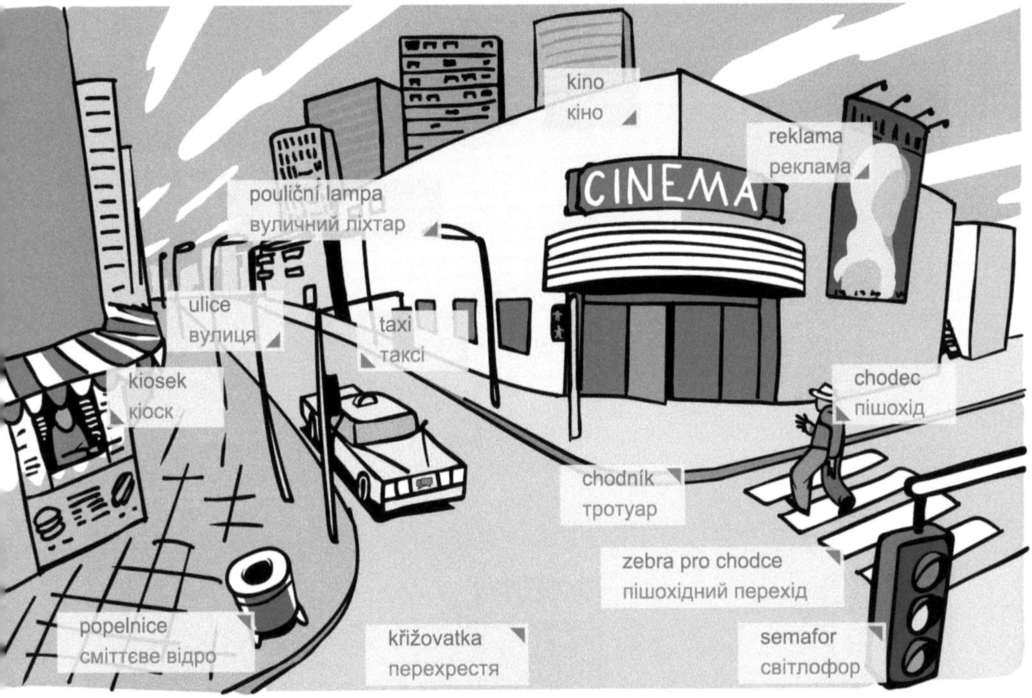

kino
кіно

reklama
реклама

pouliční lampa
вуличний ліхтар

CINEMA

ulice
вулиця

taxi
таксі

kiosek
кіоск

chodec
пішохід

chodník
тротуар

zebra pro chodce
пішохідний перехід

popelnice
сміттєве відро

křižovatka
перехрестя

semafor
світлофор

chata

хатина

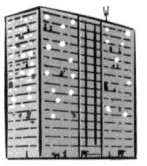

byt

квартира

vlakové nádraží

вокзал

radnice

ратуша

muzeum

музей

škola

школа

univerzita

університет

banka

банк

nemocnice

лікарня

hotel

готель

lékárna

аптека

kancelář

офіс

knihkupectví

книжковий магазин

obchod

магазин

květinářství

квітковий магазин

supermarket

супермаркет

tržnice

ринок

obchodní dům

універмаг

rybárna

торговець рибою

nákupní centrum

торговельний центр

přístav

гавань

park

парк

lavička

лава

most

міст

schody

сходи

metro

метро

tunel

тунель

autobusová zastávka

автобусна зупинка

bar

бар

restaurace

ресторан

poštovní schránka

поштова скринька

pouliční tabule

вулична табличка

parkovací hodiny

лічильник паркування

zoo

зоопарк

plovárna

басейн

mešita

мечеть

usedlost

ферма

znečišťování životního prostředí

забруднення навколишнього середовища

hřbitov

кладовище

církev

церква

hřiště

дитячий майданчик

chrám

храм

krajina
ландшафт

list
листок

rozcestník
вказівний стовп

cesta
шлях

louka
луг

kámen
камінь

turista
мандрівник

strom
дерево

řeka
річка

tráva
трава

květina
квітка

údolí

долина

hora

гора

jezero

озеро

les

ліс

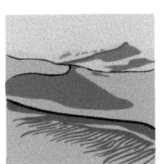

poušť

пустеля

sopka

вулкан

zámek

замок

duha

веселка

houba

гриб

palma

пальма

komár

комар

moucha

муха

mravenec

мурашка

včela

бджола

pavouk

павук

krajina - ландшафт

brouk

жук

žába

жаба

veverka

вивірка

ježek

їжак

zajíc

заєць

sova

сова

pták

птах

labuť

лебідь

divoké prase

кабан

jelen

олень

los

лось

přehrada

гребля

větrné kolo

вітряк

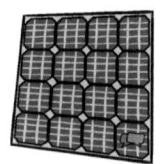

solární panel

сонячний модуль

podnebí

клімат

číšník
офіціант

jídelní lístek
меню

židle
стілець

polévka
суп

pizza
піца

příbor
столові прилади

ubrus
скатертина

předkrm

закуска

hlavní chod

друга страва

dezert

десерт

nápoje

напої

jídlo

їжа

láhev

пляшка

rychlé občerstvení

фаст-фуд

pouliční občerstvení

вулична їжа

čajová konvice

чайник

cukřenka

цукорниця

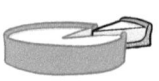

porce

порція

kávovar na espresso

еспресо-машина

dětská stolička

високий стільчик

faktura

рахунок

tác

піднос

nůž

ніж

vidlička

вилка

lžíce

ложка

čajová lyžička

чайна ложка

ubrousek

серветка

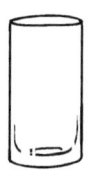

sklenička

склянка

restaurace - ресторан

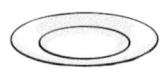

talíř

тарілка

talíř na polévku

тарілка для супу

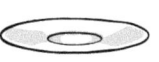

podšálek

блюдце

omáčka

соус

slánka

солонка

mlýnek na pepř

млин для перцю

ocet

оцет

olej

масло

koření

спеції

kečup

кетчуп

hořčice

гірчиця

majonéza

майонез

supermarket

супермаркет

nabídka
пропозиція
FOR
zákazník
клієнт
mléčné výrobky
молочні продукти
ovoce
фрукти
nákupní vozík
візок для покупок

BUTCHERS

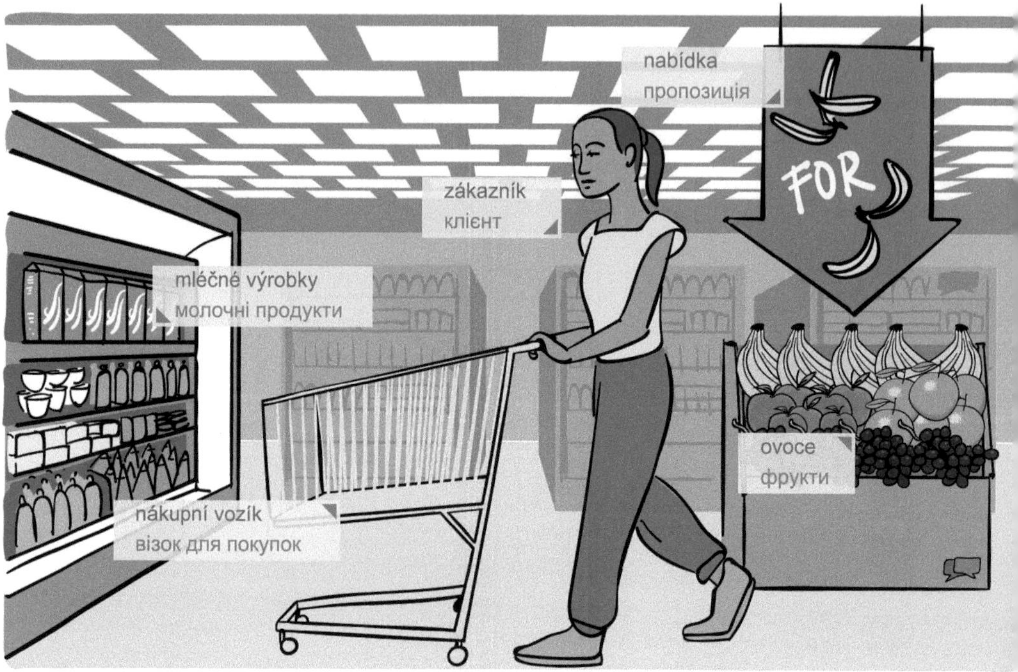

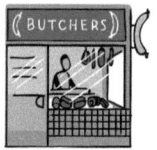

masna

м'ясний магазин

BAKERY

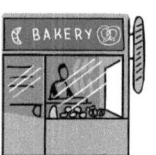

pekařství

пекарня

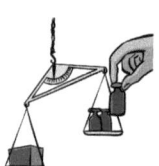

vážit

зважувати

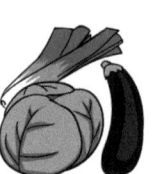

zelenina

овочі

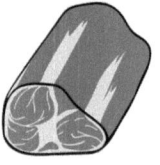

maso

м'ясо

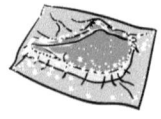

mražené potraviny

заморожені продукти

obložený talíř

ковбасна нарізка

konzervy

консерви

prací prášek

пральний порошок

cukrovinky

солодощі

výrobky pro domácnost

предмети домашнього
побуту

čisticí prostředek

мийний засіб

prodavačka

продавщиця

pokladna

каса

pokladní

касир

nákupní seznam

список покупок

otevírací doba

часи роботи

peněženka

гаманець

kreditní karta

кредитна картка

taška

сумка

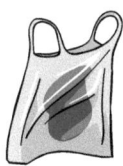

igelitová taška

поліетиленовий пакет

voda

вода

džus

сік

mléko

молоко

kola

кола

víno

вино

pivo

пиво

alkohol

алкоголь

kakao

какао

čaj

чай

káva

кава

espresso

еспресо

kapučíno

капучіно

banán

банан

jablko

яблуко

pomeranč

апельсин

meloun

кавун

citrón

лимон

mrkev

морква

česnek

часник

bambus

бамбук

cibule

цибуля

houba

гриб

ořechy

горішки

těstoviny

локшина

špageti

спагеті

rýže

рис

salát

салат

hranolky

картопля фрі

americké brambory

смажена картопля

pizza

піца

hamburger

гамбургер

sendvič

бутерброд

řízek

шніцель

šunka

шинка

salám

салямі

salám

ковбаса

kuře

курка

pečeně

печеня

ryby

риба

ovesné vločky

вівсяні пластівці

müsli

мюслі

vločky

кукурудзяні пластівці

mouka

борошно

croissant

круасан

houska

булочка

chléb

хліб

toast

тостовий хліб

sušenky

печиво

máslo

масло

tvaroh

сир

buchta

пиріг

vejce

яйце

volské oko

яєчня

sýr

сир

zmrzlina

морозиво

cukr

цукор

med

мед

marmeláda

мармелад

nugátový krém

нуга-крем

kari

карі

usedlost
ферма

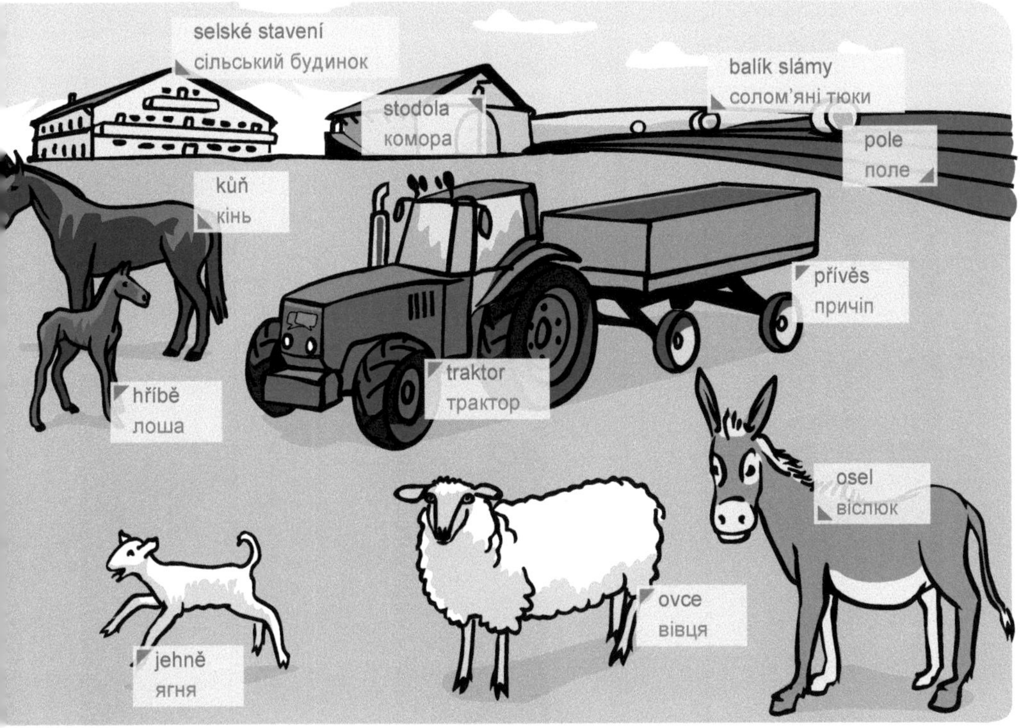
selské stavení
сільський будинок
stodola
комора
balík slámy
солом'яні тюки
pole
поле
kůň
кінь
přívěs
причіп
hříbě
лоша
traktor
трактор
osel
віслюк
ovce
вівця
jehně
ягня

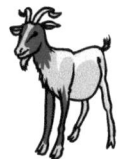

koza
коза

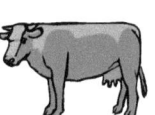

kráva
корова

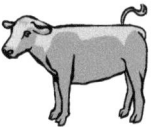

tele
теля

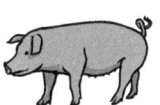

prase
свиня

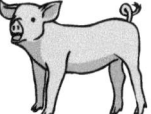

sele
порося

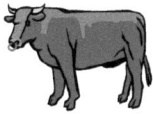

býk
бик

husa

гусак

kachna

качка

kuře

курча

slepice

курка

kohout

півень

krysa

щур

kočka

кіт

myš

миша

vůl

віл

pes

собака

psí bouda

собача будка

zahradní hadice

садовий шланг

kropicí konev

лійка

kosa

коса

pluh

плуг

srp

серп

motyka

мотика

vidle

вила

sekera

сокира

kolecko

тачка

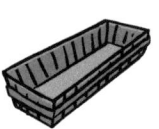

koryto

корито

konev na mléko

бідон молока

pytel

мішок

plot

паркан

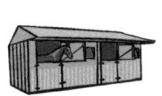

stáj

хлів

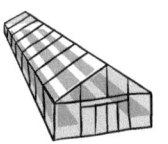

skleník

теплиця

půda

ґрунт

osivo

насіння

hnojivo

добриво

kombajn

комбайн

sklidit

пожинати

sklizeň

урожай

smldinec

корінь ямсу

pšenice

пшениця

sója

соя

brambora

картопля

kukuřice

кукурудза

řepka

ріпак

ovocný strom

плодове дерево

maniok

маніок

obilí

злаки

komín
димохід

střecha
дах

okap
водостічний лоток

okno
вікно

garáž
гараж

zvonek
дзвінок

dveře
двері

popelnice
відро для сміття

dopisní schránka
поштова скринька

zahrada
сад

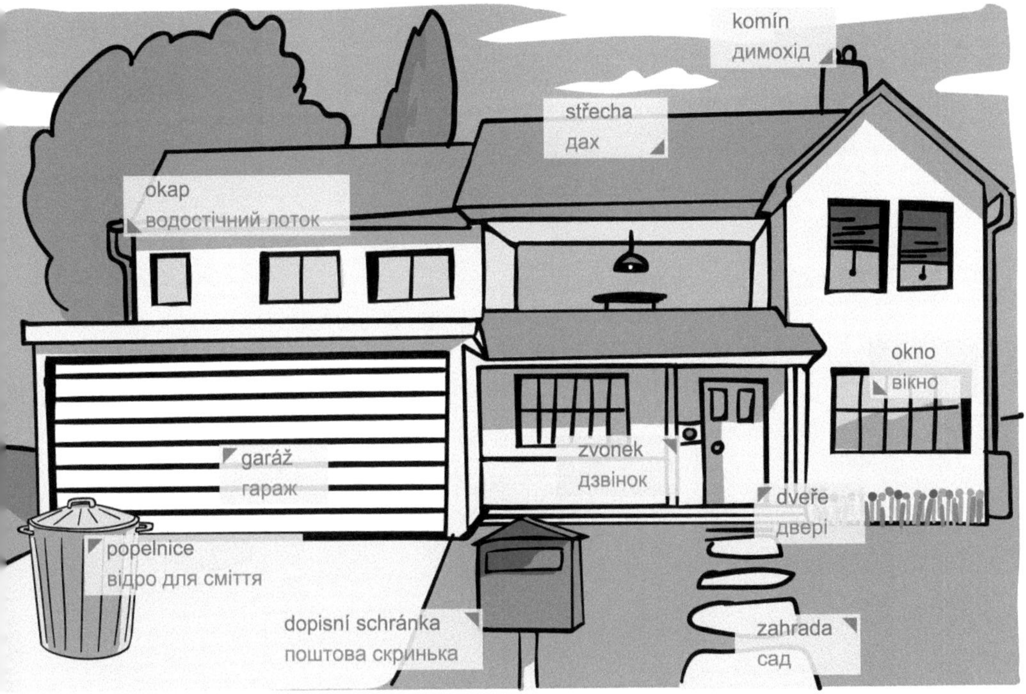

obývací pokoj
вітальня

koupelna
ванна кімната

kuchyně
кухня

ložnice
спальня

dětský pokoj
дитяча кімната

jídelna
їдальня

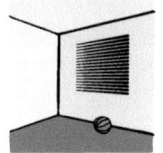

podlaha

підлога

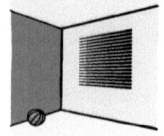

zeď

стіна

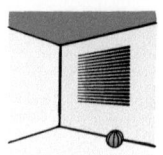

deka

стеля

sklep

підвал

sauna

сауна

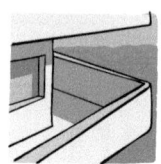

balkón

балкон

terasa

тераса

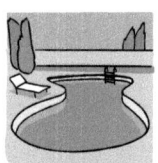

bazén

басейн

sekačka na trávu

косарка

ložní prádlo

простирало

lůžková přikrývka

ковдра

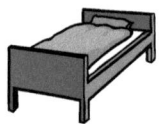

postel

ліжко

smeták

мітла

kýbl

відро

vypínač

перемикач

obývací pokoj
вітальня

tapeta
шпалери
obrázek
малюнок
žárovka
лампа
police
поличка
skříň
шафа
televizor
телевізор
komín
камін
květina
квітка
polštář
подушка
gauč
диван
váza
ваза
dálkový ovladač
пульт

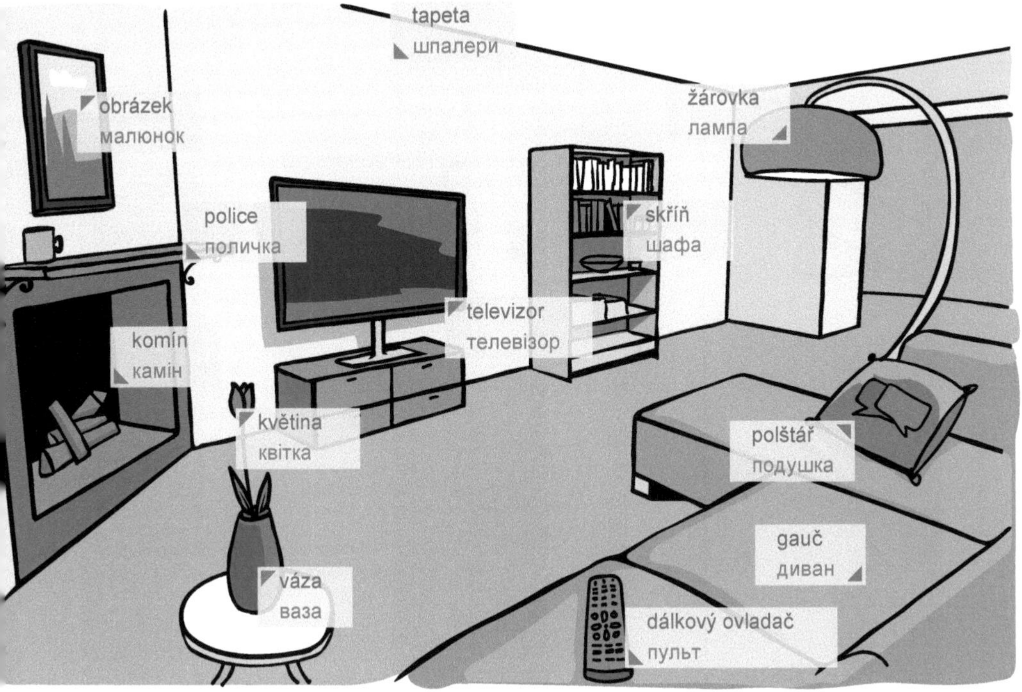

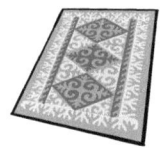

koberec

килим

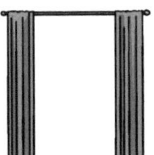

závěs

завіса

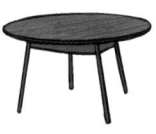

stůl

стіл

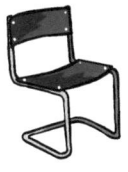

židle

стілець

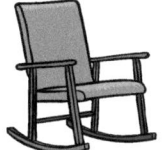

houpací křeslo

крісло-гойдалка

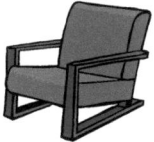

křeslo

крісло

kniha

книга

strop

ковдра

ozdoba

прикраса

palivové dříví

дрова

film

фільм

stereo souprava

стереосистема

klíč

ключ

noviny

газета

malba

картина

plakát

плакат

rádio

радіо

poznámkový blok

блокнот

vysavač

пилосос

kaktus

кактус

svíce

свічка

kuchyně
кухня

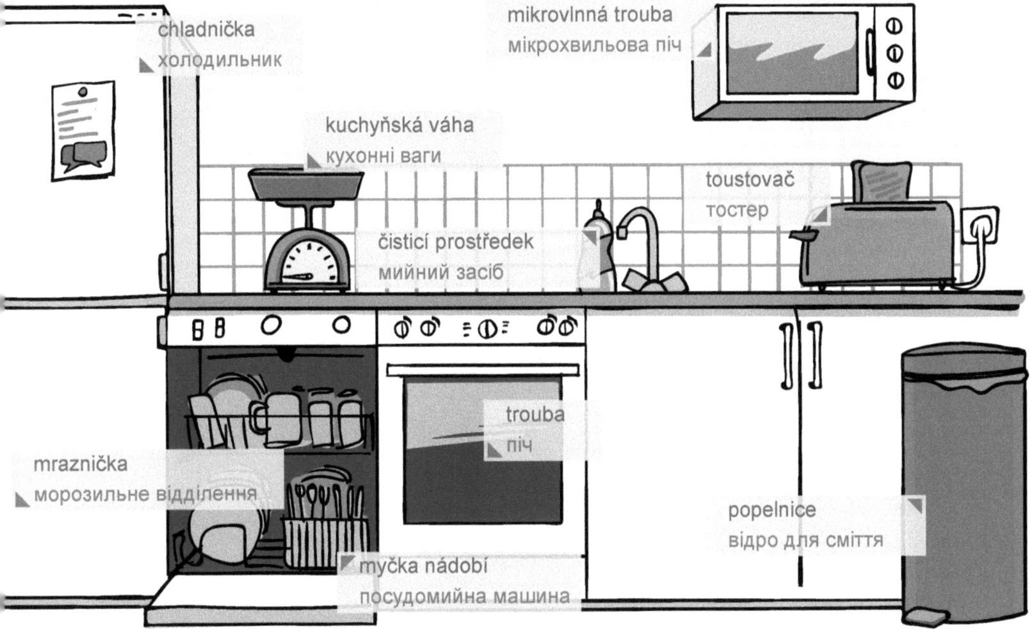

chladnička
холодильник
mikrovlnná trouba
мікрохвильова піч
kuchyňská váha
кухонні ваги
toustovač
тостер
čisticí prostředek
мийний засіб
trouba
піч
mraznička
морозильне відділення
popelnice
відро для сміття
myčka nádobí
посудомийна машина

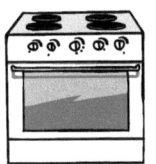

sporák

плита

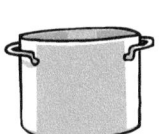

hrnec

горщик

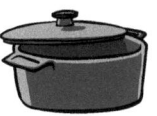

litinový hrnec

чавунний горщик

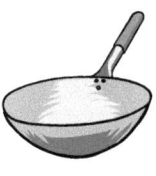

wok / kadai

вок / кадай

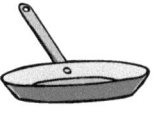

pánev

сковорода

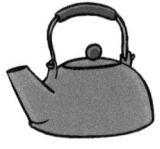

varná konvice

чайник

parní hrnec

пароварка

plech na pečení

лист

nádobí

посуд

hrnek

кухоль

miska

чаша

jídelní hůlky

палички для їжі

naběračka

черпак

obracečka

лопатка

metla

вінчик для збивання

síto

сито

cedník

сито

struhadlo

терка

hmoždíř

ступка

gril

барбекю

ohniště

багаття

prkénko na krájení

дошка

váleček na těsto

качалка

vývrtka

штопор

dóza

конзерва

otvírák na konzervy

відкривачка

chňapka

прихватки

umyvadlo

раковина

kartáč na nádobí

щітка

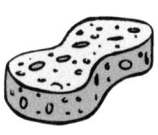

houba

губка

mixér

міксер

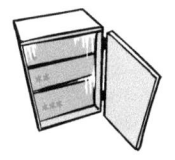

mrazák

морозильна камера

dětská lahev

дитяча пляшка

kohoutek

кран

koupelna

ванна кімната

topení
опалення
sprcha
душ
ručník
рушник
sprchový závěs
душова завіса
pěnová koupel
пiниста ванна
vana
ванна
sklenička
склянка
pračka
пральна машина
kohoutek
кран
obkladačky
плитка
nočník
горшок
umyvadlo
раковина

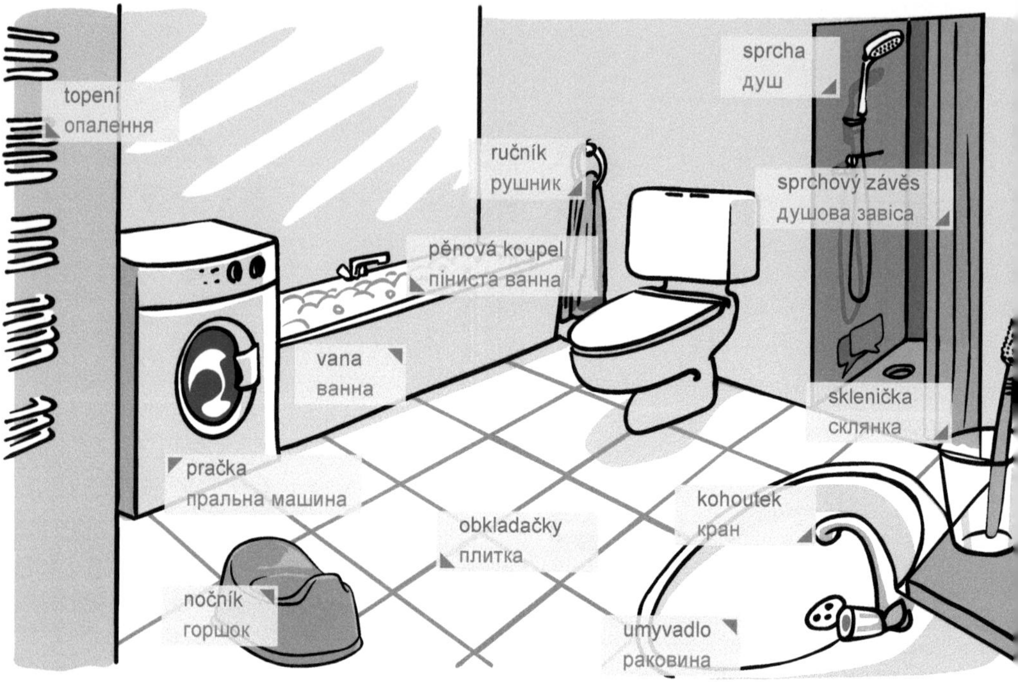

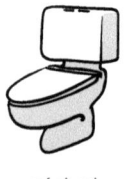

záchod
туалет

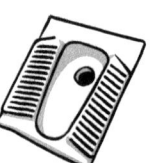

turecký záchod
підлоговий туалет

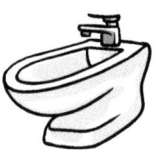

bidet
біде

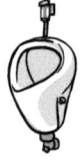

pisoár
пісуар

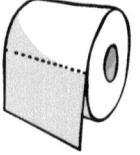

toaletní papír
туалетний папір

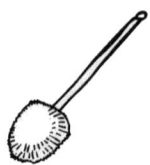

záchodová štětka
щітка для туалету

zubní kartáček

зубна щітка

zubní pasta

зубна паста

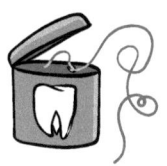

zubní niť

нитка для чищення зубів

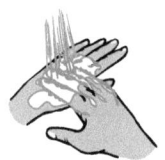

mýt

мити

ruční sprcha

ручний душ

intimní sprcha

інтимний душ

umyvadlo

таз

kartáč na záda

щітка для спини

mýdlo

мило

sprchový gel

гель для душу

šampón

шампунь

žínka

мочалка

odpad

водостік

krém

крем

deodorant

дезодорант

zrcadlo

дзеркало

kosmetické zrcátko

косметичне дзеркало

holicí strojek

бритва

pěna na holení

піна для гоління

voda po holení

лосьйон після гоління

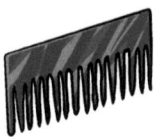

hřeben

гребінь

kartáč

щітка

fén

фен

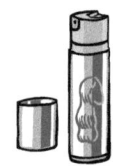

lak na vlasy

лак для волосся

makeup

косметика

rtěnka

губна помада

lak na nehty

лак для нігтів

vata

вата

nůžky na nehty

ножиці для нігтів

parfém

парфум

aška s toaletními potřebami
....
косметичка

stolička
....
табурет

váha
....
ваги

župan
....
халат

gumové rukavice
....
гумові рукавички

tampón
....
тампон

dámská vložka
....
гігієнічні прокладки

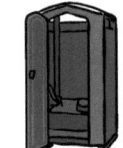

chemická toaleta
....
біотуалет

dětský pokoj
дитяча кімната

budík
будильник
plyšová hračka
м'яка іграшка
autíčko
іграшковий автомобіль
chrastítko
брязкальце
domeček pro panenky
ляльковий будиночок
dárek
подарунок

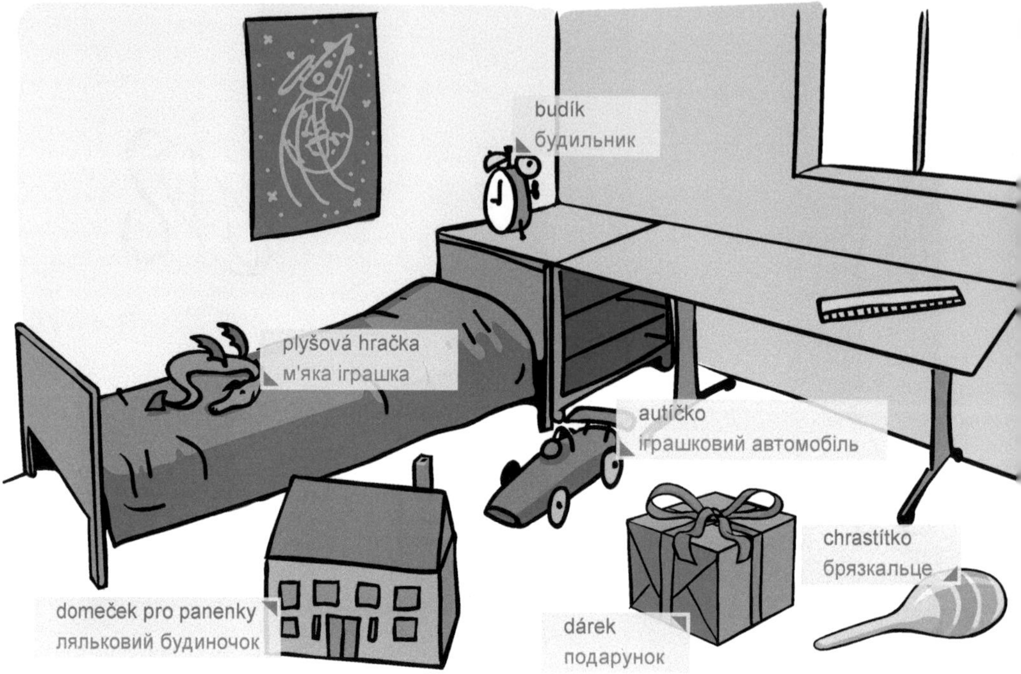

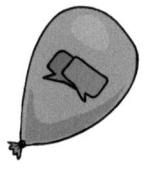

balón

повітряна кулька

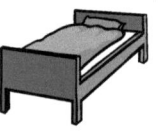

postel

ліжко

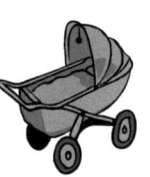

kočárek

дитячий візок

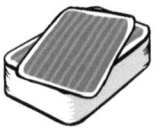

balíček karet

картярська гра

puzzle

пазл

SUPER
MEGA

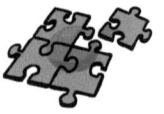

komiks

комікс

lego kostky

лего цеглинки

stavebnice

блоки

akční figurka

іграшкова фігурка

dupačky

повзунки

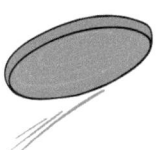

frisbee

фризбі

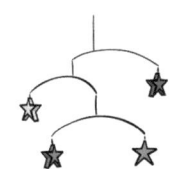

závěsné hračky nad postýlku

мобіле

desková hra

настільна гра

kostky

кубик

modelová železnice

модель залізнична станція

dudlík

соска

oslava

вечірка

obrázková kniha

книжка з картинками

míč

м'яч

panenka

лялька

hrát si

грати

pískoviště

пісочниця

houpačka

гойдалка

hračky

іграшка

hrací konzole

гральна консоль

tříkolka

триколісний велосипед

medvídek

плюшевий мішка

šatník

шафа

oblečení

одяг

ponožky

шкарпетки

punčochy

панчохи

punčochové kalhoty

колготки

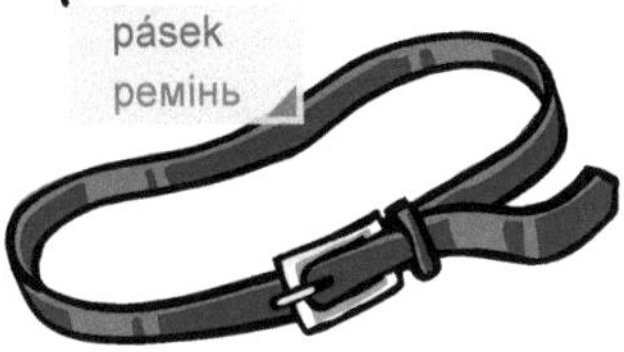

šála
шарф

deštník
парасоля

pásek
ремінь

tričko
футболка

kozačky
чоботи

domácí obuv
домашнє взуття

tenisky
кросівки

sandály
сандалі

obuv
взуття

holínky
гумові чоботи

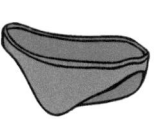

spodní prádlo
труси

podprsenka
бюстгальтер

nátělník
нижня сорочка

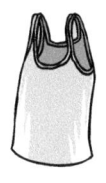

body

боді

kalhoty

штани

džíny

джинси

sukně

спідниця

blůza

блузка

košile

сорочка

svetr

пуловер

mikina

светр

blejzr

піджак

bunda

куртка

kabát

пальто

pláštěnka

дощовик

kostým

костюм

šaty

сукня

svatební šaty

весільна сукня

oblek
костюм

noční košile
нічна сорочка

pyžamo
піжама

sárí
сарі

šátek na hlavu
головна хустка

turban
чалма

burka
бурка

kaftan
кафтан

abája
абая

plavky
купальник

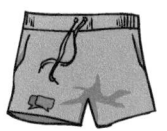

pánské plavky
плавки

kraťasy
шорти

teplákova souprava
тренувальний костюм

zástěra
фартух

rukavice
рукавички

knoflík

гудзик

brýle

окуляри

náramek

браслет

náhrdelník

ланцюг

prsten

кільце

náušnice

сережка

čepice

шапка

ramínko

плічка

klobouk

капелюх

kravata

краватка

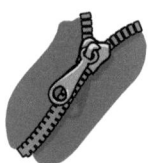

zip

застібка-блискавка

helma

шолом

kšandy

підтяжки

školní uniforma

шкільна форма

uniforma

уніформа

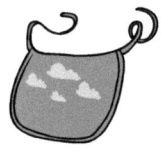

bryndák

нагрудник

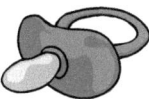

dudlík

соска

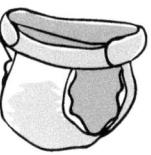

plena

підгузок

kancelář

офіс

server
сервер
kartotéka
шаф для документів
tiskárna
принтер
papír
папір
monitor
монітор
myš
миша
psací stůl
письмовий стіл
šanon
папка
klávesnice
синтезатор
odpadkový koš na papír
кошик для паперу
počítač
комп'ютер
židle
стілець

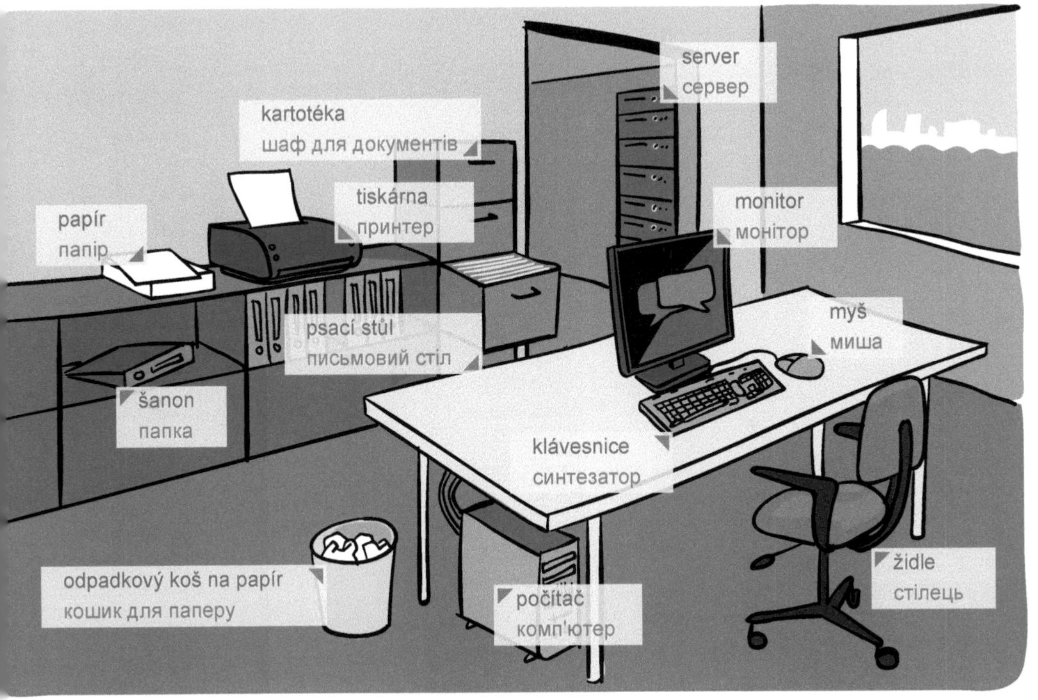

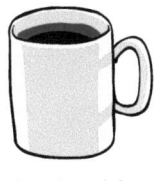

hrnek na kávu

кавовий кухоль

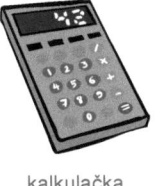

kalkulačka

калькулятор

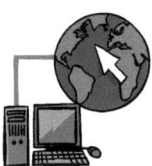

internet

інтернет

notebook

ноутбук

dopis

лист

zpráva

повідомлення

mobil

мобільний телефон

síť

мережа

kopírka

копіювальний пристрій

software

програмне забезпечення

telefon

телефон

zásuvka

розетка

fax

факс

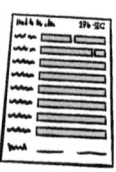

formulář

бланк

dokument

документ

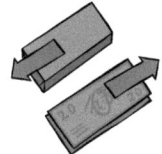

nakupovat

купувати

zaplatit

платити

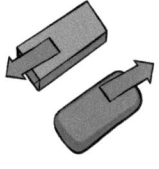

jednat

торгувати

peníze

гроші

USD

dolar

долар

EUR

euro

євро

JPY

jen

ієна

RUB

rubl

рубль

CHF

frank

франк

CNY

juan

юанів женьміньбі

INR

rupie

рупія

bankomat

банкомат

směnárna

обмінний пункт

zlato

золото

stříbro

срібло

olej

нафта

energie

енергія

cena

ціна

smlouva

контракт

daň

податок

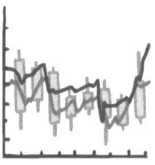

akcie

акція

pracovat

працювати

zaměstnanec

працівник

zaměstnavatel

роботодавець

továrna

фабрика

obchod

магазин

policista
поліцейський

hasič
пожежник

kuchař
повар

lékař
лікар

pilot
пілот

zahradník

садівник

truhlář

столяр

švadlena

швачка

soudce

суддя

chemik

хімік

herec

актор

řidič autobusu

водій автобуса

řidič taxi

таксист

rybář

рибалка

uklízečka

прибиральниця

pokrývač

покрівельник

číšník

офіціант

myslivec

мисливець

malíř

художник

pekař

пекар

elektrikář

електрик

stavební dělník

будівельник

inženýr

інженер

řezník

забійник

klempíř

бляхар

listonoš

листоноша

voják

солдат

architekt

архітектор

pokladní

касир

florista

флорист

kadeřník

перукар

průvodčí

кондуктор

mechanik

механік

kapitán

капітан

zubař

дантист

vědec

вчений

rabín

рабин

imám

імам

mnich

монах

duchovní

пастор

nářadí
інструменти

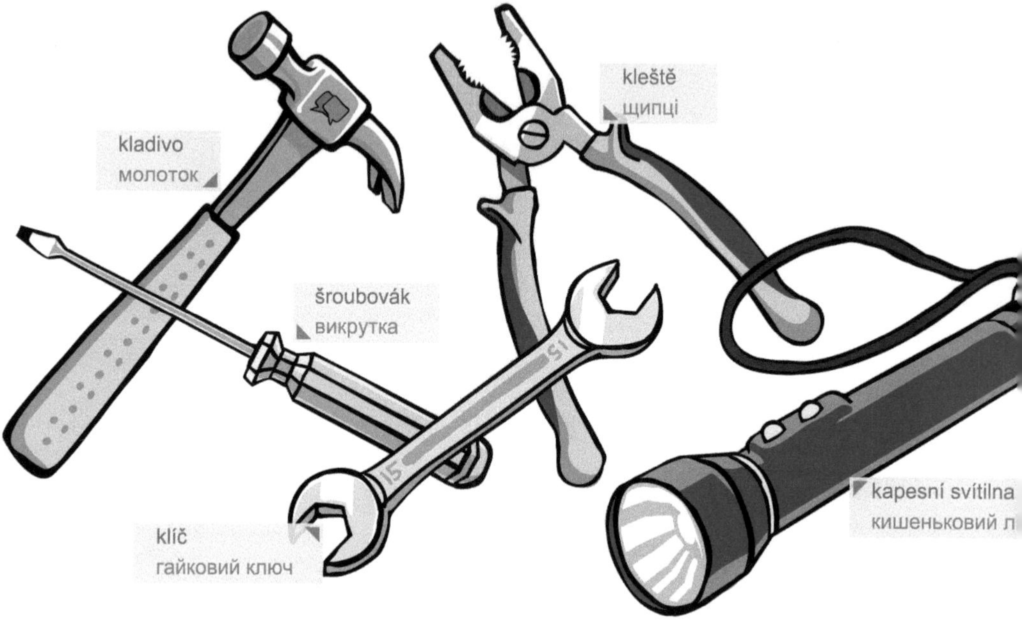

kladivo
молоток
kleště
щипці
šroubovák
викрутка
klíč
гайковий ключ
kapesní svítilna
кишеньковий л

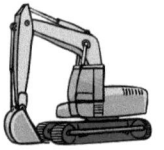

bagr

екскаватор

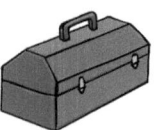

skříň na nářadí

ящик для інструментів

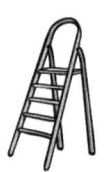

žebřík

драбина

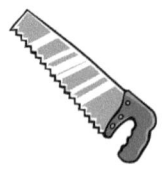

pila

пилка

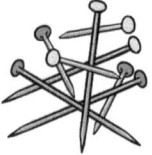

hřebíky

цвяхи

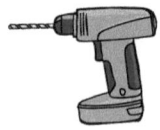

vrtačka

свердло

opravit

ремонтувати

lopata

лопата

Kurva!

лайно!

lopatka

совок

vědroé na barvu

відро з фарбою

šrouby

гвинти

hudební nástroje
музичні інструменти

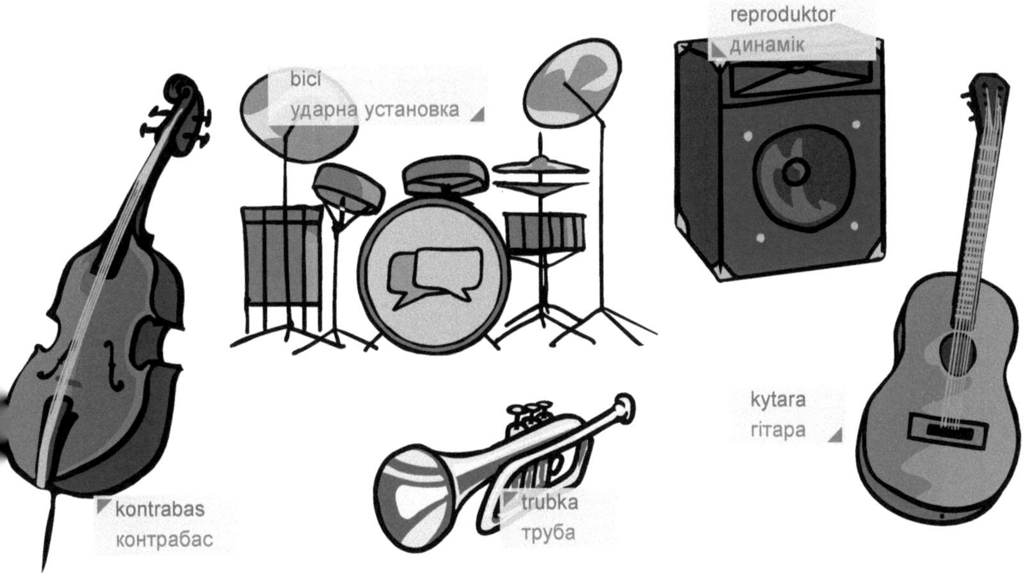

bicí
ударна установка

reproduktor
динамік

kytara
гітара

kontrabas
контрабас

trubka
труба

klavír

фортепіано

housle

скрипка

basa

бас

tympán

литаври

bubny

барабан

keyboard

клавіатура

saxofon

саксофон

flétna

флейта

mikrofon

мікрофон

zoo

зоопарк

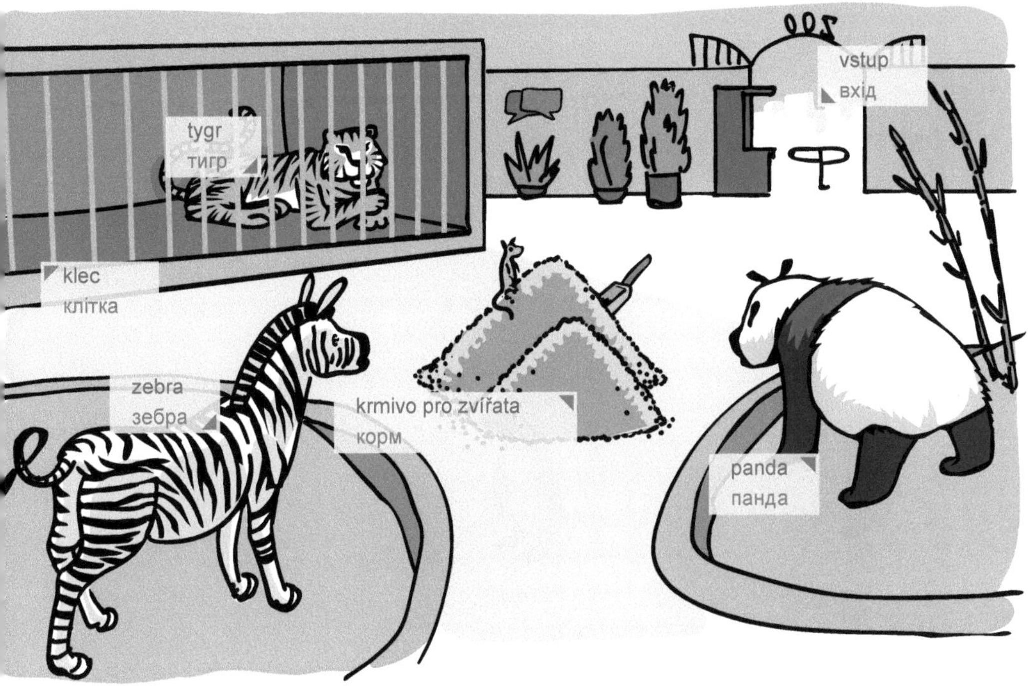

vstup
вхід
tygr
тигр
klec
клітка
zebra
зебра
krmivo pro zvířata
корм
panda
панда

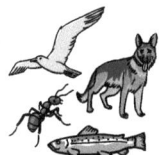

zvířata

тварини

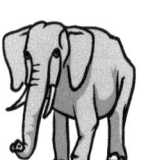

slon

слон

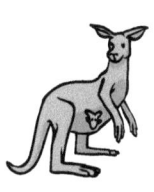

klokan

кенгуру

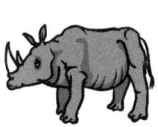

nosorožec

носоріг

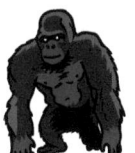

gorila

горила

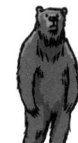

medvěd

ведмідь

velbloud

верблюд

pštros

страус

lev

лев

opice

мавпа

plameňák

фламінго

papoušek

папуга

lední medvěd

білий ведмідь

tučňák

пінгвін

žralok

акула

páv

павич

had

змія

krokodýl

крокодил

ošetřovatel zvířat

працівник зоопарку

tuleň

тюлень

jaguár

ягуар

zoo - зоопарк

poník
поні

leopard
леопард

hroch
гіпопотам

žirafa
жираф

orel
орел

divoké prase
кабан

ryby
риба

želva
черепаха

mrož
морж

liška
лисиця

gazela
газель

americký fotbal
американський футбол

cyklistika
їзда на велосипеді

tenis
теніс

košíková
баскетбол

plavání
плавання

box
бокс

lední hokej
хокей

kopaná
футбол

badminton
бадмінтон

lehká atletika
легка атлетика

házená
гандбол

běh na lyžích
лижні перегони

vodní pólo
поло

skočit
стрибати

smát se
сміятися

objímat
обіймати

jít
йти

zpívat
співати

servít
мріяти

modlit se
молитися

políbit
цілувати

psát
писати

kreslit
малювати

ukazovat
показувати

tlačit
тиснути

dát
давати

vzít si
брати

mít

мати

dělat

робити

být

бути

stát

стояти

běhat

бігати

táhnout

тягнути

hodit

кидати

padat

падати

ležet

лежати

čekat

очікувати

nosit

носити

sedět

сидіти

oblékat

одягати

spát

спати

vzbudit se

просипатися

prohlédnout si

дивитися

plakat

плакати

pohladit

гладити

česat

розчісувати

hovořit

розмовляти

rozumět

розуміти

ptát se

питати

slyšet

слухати

pít

пити

jíst

їсти

uklidit

прибирати

milovat

любити

vařit

варити

jet

їхати

letět

літати

plachtit

йти під вітрилом

počítat

рахувати

číst

читати

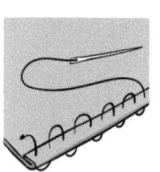

učit se

вчитися

pracovat

працювати

vzít si

одружуватися

šít

шити

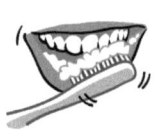

čistit si zuby

чистити зуби

zabít

убивати

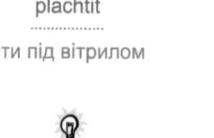

kouřit

курити

poslat

посилати

rodina

сім'я

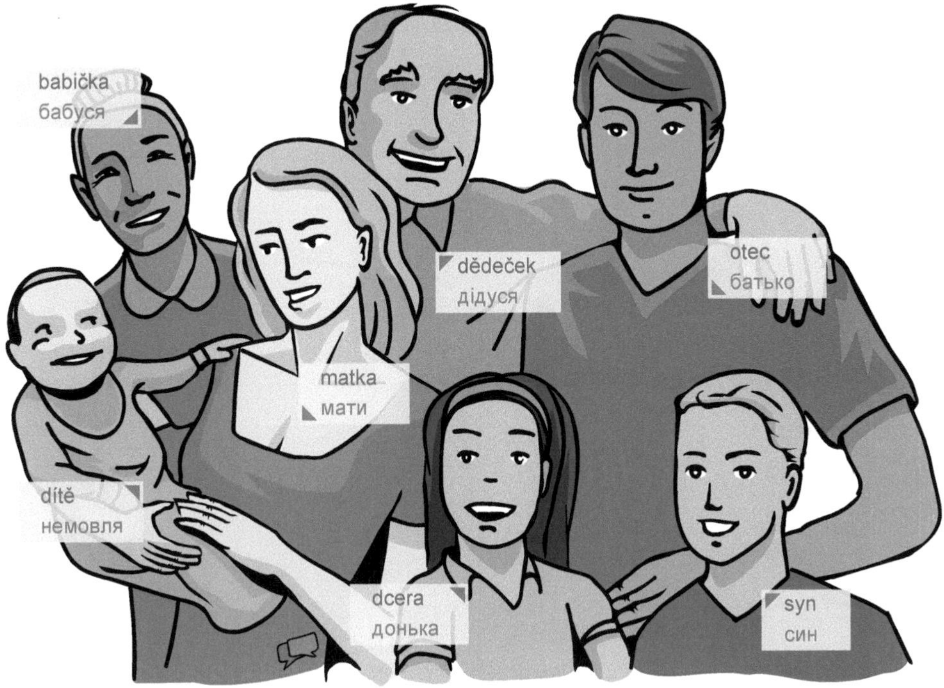
babička
бабуся
dědeček
дідуся
otec
батько
matka
мати
dítě
немовля
dcera
донька
syn
син

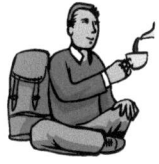

host

гість

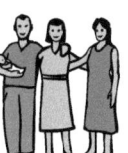

teta

тітка

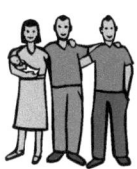

strýc

дядько

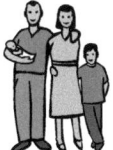

bratr

брат

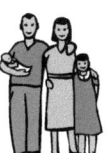

sestra

сестра

tělo

тіло

čelo
чоло
oko
око
rameno
плече
prst
палець
obličej
обличчя
brada
підборіддя
ruka
кисть
dolní končetina
нога
hruď
груди
paže
рука

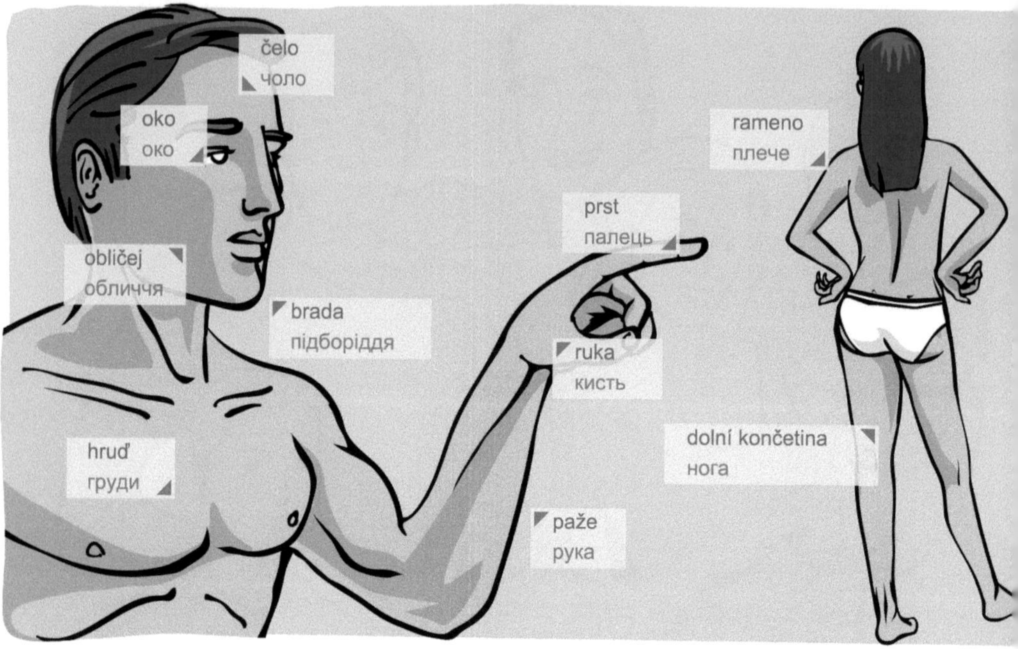

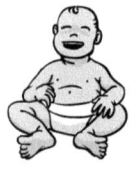

dítě

немовля

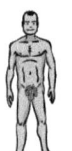

muž

чоловік

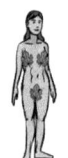

žena

жінка

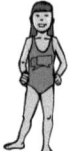

dívka

дівчина

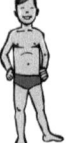

chlapec

хлопчик

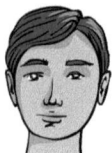

hlava

голова

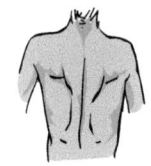

záda

спина

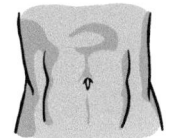

břicho

живіт

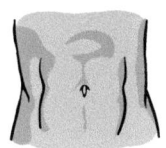

pupík

пуп

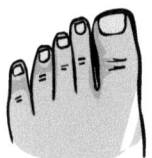

prst na noze

палець ноги

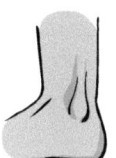

pata

п'ята

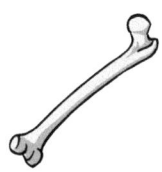

kost

кістка

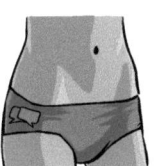

bok

стегно

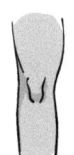

koleno

коліно

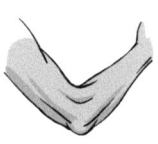

loket

лікоть

nos

ніс

zadek

сідниці

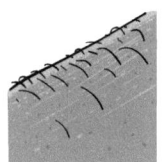

kůže

шкіра

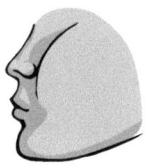

tvář

щока

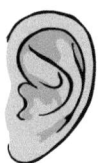

ucho

вухо

ret

губа

ústa
....
рот

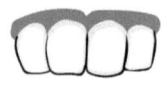

zub
....
зуб

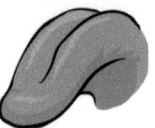

jazyk
....
язик

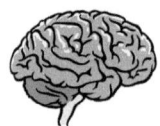

mozek
....
мозок

srdce
....
серце

sval
....
м'яз

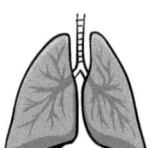

plíce
....
легені

játra
....
печінка

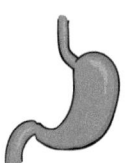

žaludek
....
шлунок

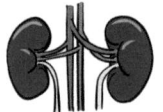

ledviny
....
нирки

pohlavní styk
....
статевий акт

kondom
....
презерватив

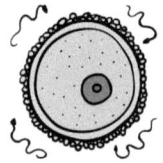

vajíčko
....
яйцеклітина

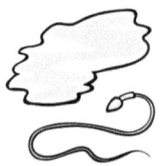

sperma
....
сперма

těhotenství
....
вагітність

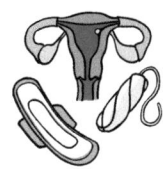

menstruace

менструація

vagina

вагіна

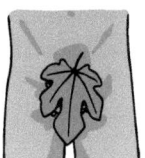

penis

пеніс

obočí

брова

vlasy

волосся

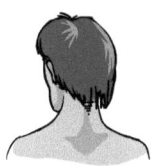

krk

шия

nemocnice

лікарня

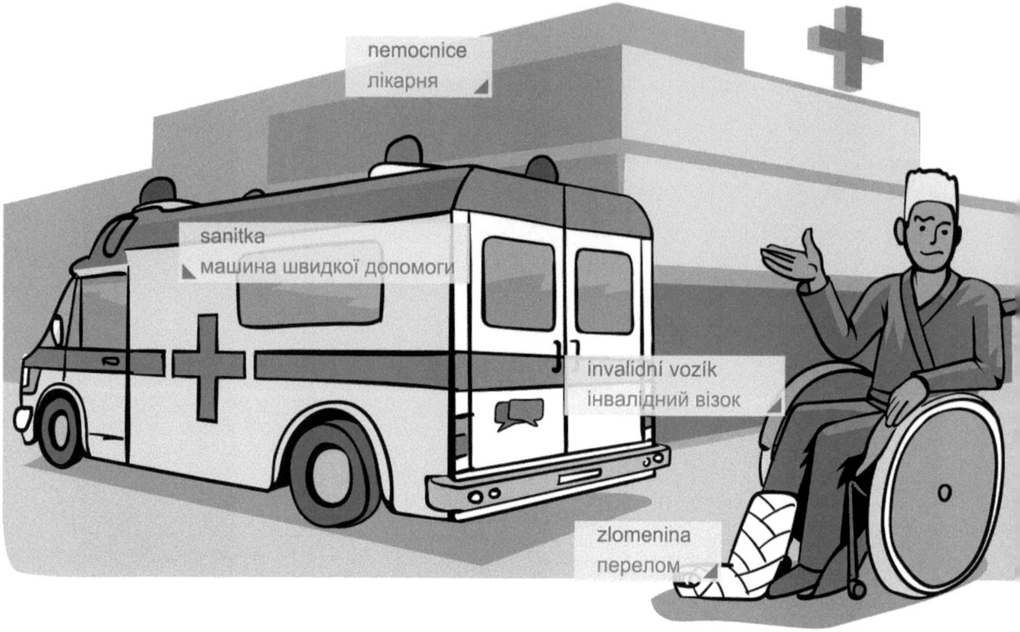

nemocnice
лікарня
sanitka
машина швидкої допомоги
invalidní vozík
інвалідний візок
zlomenina
перелом

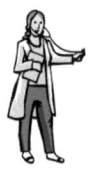

lékař

лікар

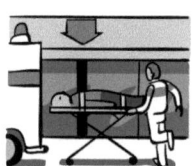

pohotovost

відділення швидкої медичної допомоги

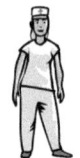

zdravotní sestra

медсестра

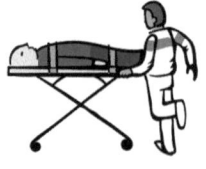

urgentní případ

аварійний випадок

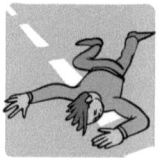

v bezvědomí

непритомний

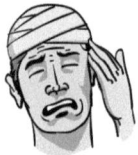

bolest

біль

úraz

травма

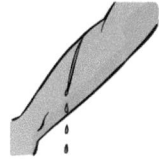

krvácení

кровотеча

infarkt myokardu

інфаркт

cévní mozková příhoda

інсульт

alergie

алергія

kašel

кашель

horečka

лихоманка

chřipka

грип

průjem

пронос

bolest hlavy

головна біль

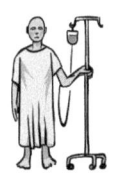

rakovina

рак

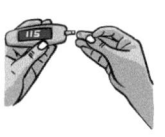

cukrovka

діабет

chirurg

хірург

skalpel

скальпель

operace

операція

CT
KT

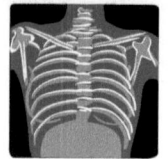

rentgen
рентген

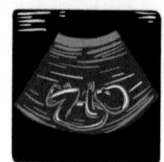

ultrazvuk
ультразвук

maska
маска

nemoc
хвороба

čekárna
зал очікування

berle
милиця

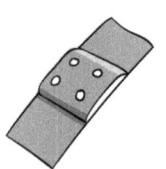

náplast
пластир

obvaz
пов'язка

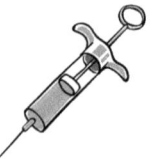

injekce
ін'єкція

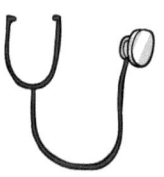

stetoskop
стетоскоп

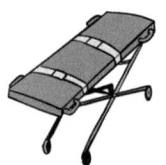

nosítka
ноші

teploměr
термометр

porod
народження

nadváha
надмірна вага

naslouchátko

слуховий апарат

dezinfekční prostředek

дезінфікуючий засіб

infekce

інфекція

virus

вірус

HIV / AIDS

ВІЛ / СНІД

lékařství

медицина

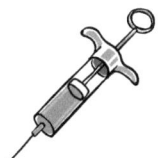

očkování

вакцинація

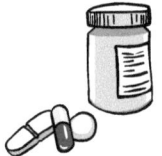

tablety

таблетки

pilulka

протизаплідна пігулка

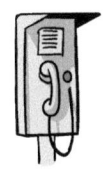

tísňové volání

екстрений виклик

tonometr

тонометр

nemocný / zdravý

хворий / здоровий

Pomoc!
Допоможіть!

poplach
сигнал тривоги

přepadení
напад

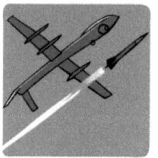

napadení
атака

nebezpečí
небезпека

nouzový východ
аварійний вихід

Hoří!
Вогонь!

hasicí přístroj
вогнегасник

nehoda
аварія

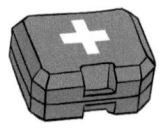

zdravotnická brašna
аптечка

SOS
СОС

policie
поліція

Evropa

Європа

Severní Amerika

Північна Америка

Jižní Amerika

Південна Америка

Afrika

Африка

Asie

Азія

Austrálie

Австралія

Atlantik

Атлантика

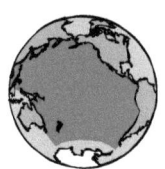

Pacifik

Тихий океан

Indický oceán

Індійський океан

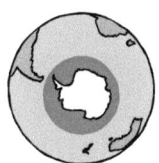

Jižní ledový oceán

Антарктичний океан

Severní ledový oceán

Північний Льодовитий
океан

severní pól

Північний полюс

jižní pól

Південний полюс

Antarktida

Антарктика

země

Земля

pevnina

суша

moře

море

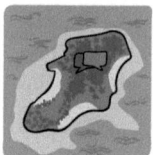

ostrov

острів

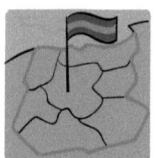

národ

нація

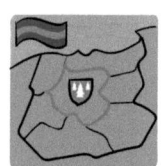

stát

держава

ciferník

циферблат

hodinová ručička

годинникова стрілка

minutová ručička

хвилинна стрілка

vteřinová ručička

секундна стрілка

Kolik je hodin?

Котра година?

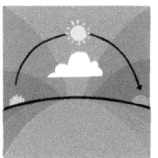

den

день

čas

час

teď

зараз

digitální hodinky

цифровий годинник

minuta

хвилина

hodina

година

týden

тиждень

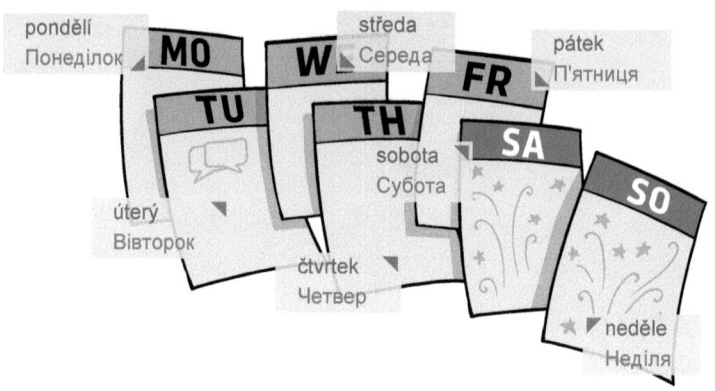

pondělí
Понеділок

středa
Середа

pátek
П'ятниця

úterý
Вівторок

sobota
Субота

čtvrtek
Четвер

neděle
Неділя

včera
....
вчора

dnes
....
сьогодні

zítra
....
завтра

ráno
....
ранок

poledne
....
опівдні

večer
....
вечір

pracovní dny
....
робочі дні

víkend
....
кінець робочого тижня

rok

рік

déšť
дощ
duha
веселка
sníh
сніг
vítr
вітер
jaro
весна
podzim
осінь
léto
літо
zima
зима

4.APRIL 11°
5.APRIL 4°
6.APRIL 13°
7.APRIL 8°
8.APRIL 10°

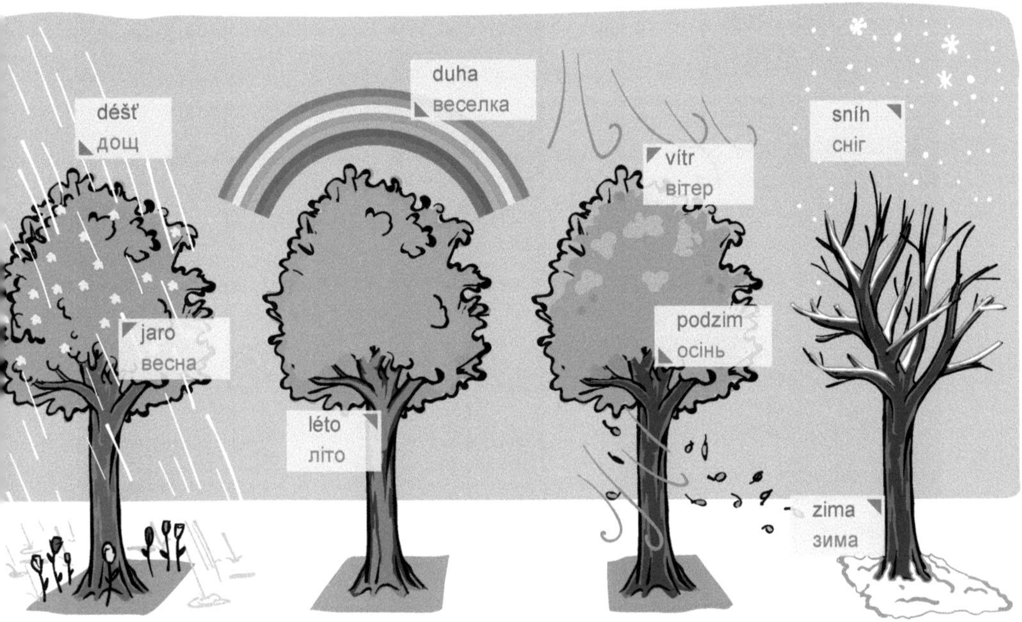

předpověď počasí

прогноз погоди

F C
120 40
90 30
60 20
30 10
0 0
-30 -10
-20

teploměr

термометр

sluneční svit

сонячне світло

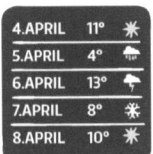

mrak

хмара

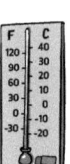

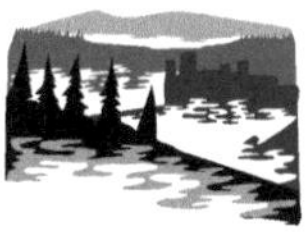

mlha

туман

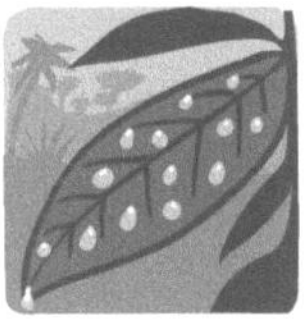

vlhkost

вологість повітря

blesk
блискавка

hrom
грім

bouřka
шторм

kroupy
град

monzun
мусон

povodeň
повінь

led
лід

leden
Січень

únor
Лютий

březen
Березень

duben
Квітень

květen
Травень

červen
Червень

červenec
Липень

srpen
Серпень

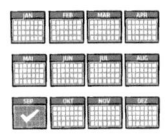

září
....
Вересень

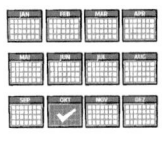

říjen
....
Жовтень

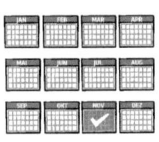

listopad
....
Листопад

prosinec
....
Грудень

tvary

форми

kruh
....
круг

čtverec
....
квадрат

obdélník
....
прямокутник

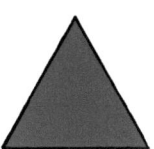

trojúhelník
....
трикутник

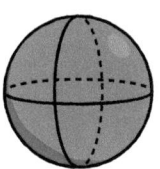

koule
....
куля

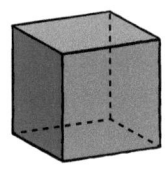

krychle
....
куб

bílá
....
білий

žlutá
....
жовтий

oranžová
....
помаранчевий

růžová
....
рожевий

červená
....
червоний

fialová
....
фіолетовий

modrá
....
синій

zelená
....
зелений

hnědá
....
коричневий

šedá
....
сірий

černá
....
чорний

hodně / málo

багато / мало

rozzuřený / mírumilovný

лютий / мирний

krásný / ošklivý

гарний / бридкий

začátek / konec

початок / кінець

velký / malý

великий / малий

světlý / tmavý

світлий / темний

bratr / sestra

брат / сестра

čistý / špinavý

чистий / брудний

úplný / neúplný

завершений /
незавершений

den / noc

день / ніч

mrtvý / živý

мертвий / живий

široký / úzký

широкий / вузький

jedlý / nejedlý

їстівний / неїстівний

zlý / hodný

злий / дружній

vzrušený / znuděný

збуджений / нудьгуючий

tlustý / hubený

товстий / тонкий

nejdříve / naposledy

спочатку / востаннє

přítel / nepřítel

друг / ворог

plný / prázdný

повний / порожній

tvrdý / měkký

жорсткий / м'який

těžký / lehký

важкий / легкий

hlad / žízeň

голод / спрага

nemocný / zdravý

хворий / здоровий

ilegální / legální

незаконний / законний

inteligentní / hloupý

розумний / дурний

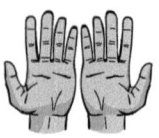

vlevo / vpravo

вліво / вправо

blízko / daleko

поруч / далеко

nový / použitý

новий / використаний

nic / něco

нічого / щось

starý / mladý

старий / молодий

zapnutý / vypnutý

вкл / викл

otevřeno / zavřeno

відкрито / закрито

tichý / hlasitý

тихо / гучно

bohatý / chudý

багатий / бідний

správný / špatný

правильно / неправильно

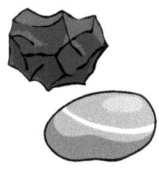

drsný / hladký

шорсткий / гладкий

smutný / šťastný

сумний / щасливий

krátký / dlouhý

короткий / довгий

pomalý / rychlý

повільно / швидко

vlhký / suchý

вологий / сухий

teplý / chladný

гарячий / холодний

válka / mír

війна / мир

0

nula

нуль

1

jedna

один

2

dva

два

3

tři

три

4

čtyři

чотири

5

pět

п'ять

6

šest

шість

7

sedm

сім

8

osm

вісім

9

devět

дев'ять

10

deset

десять

11

jedenáct

одинадцять

12

dvanáct

дванадцять

13

třináct

тринадцять

14

čtrnáct

чотирнадцять

15

patnáct

п'ятнадцять

16

šestnáct

шістнадцять

17

sedmnáct

сімнадцять

18

osmnáct

вісімнадцять

19

devatenáct

дев'ятнадцять

20

dvacet

двадцять

100

sto

сто

1.000

tisíc

тисяча

1.000.000

milion

мільйон

čísla - числа

89

angličtina

англійська

americká angličtina

американська англійська

standardní čínština

китайська
високочиновницька

hindština

хінді

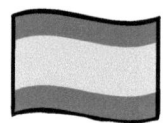

španělština

іспанська

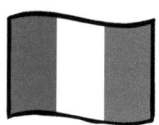

francouzština

французька

arabština

арабська

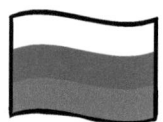

ruština

російська

portugalština

португальська

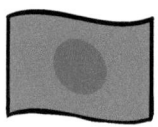

bengálština

бенгальська

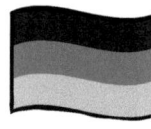

němčina

німецька

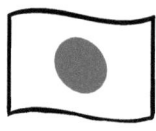

japonština

японська

já

я

ty

ти

on / ona / ono

він / вона / воно

my

ми

vy

ви

oni

вони

Kdo?

хто?

Co?

що?

Jak?

як?

Kde?

де?

Kdy?

коли?

jméno

ім'я

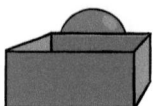

za
зазаду

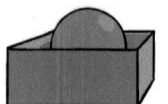

do
в

z
перед

nad
над

na
на

mezi
під

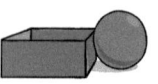

vedle
біля

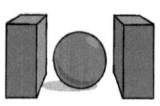

mezi
між

místo
місце